Dedicado:

A mis padres piadosos, L.C. y Faye Coon, los cuales han personificado la fidelidad cristiana a través de su vida. Si no fuera por el buen ejemplo de ellos, ¿quién sabe dónde yo estaría?

Reconocimientos

A ellos que me han precedido en el suministro del material para los nuevos convertidos a Cristo: Loren Yadon, Crawford Coon, David Gray y Jack Yonts entre otros.

A ellos que han tomado la responsabilidad de enseñar este material a los recién convertidos a Cristo de los cuales he tenido el privilegio de ser su pastor. A Curtis Thornton de la iglesia *Vidalia Revival Center;* a Lee Suttles, nuestro primer director de atención y cuidado de los nuevos convertidos, quien ahora ha empezado una nueva iglesia con el programa de Misiones Internas. A mi querida esposa Norma, y a Mike Textor, nuestro Director del Ministerio del Ser Discípulo.

Tipografía: Professional Edge Printing

Edición: Norma Coon, Lee Smith, Mike y Hannah Textor

Al equipo de ministerio de Truth Publication: John Perkins, Sheri Perkins y Linda Gold

Al personal de oficina que asistió en poner este material en este formato: Diane Rose, Hannah Textor, Norma Coon y Linda Gold.

A la iglesia *Truth Tabernacle* en Springfield, Missouri llena de gente tan grande de la cual tengo el privilegio de ser su pastor - Gracias por su apoyo y ánimo.

Todas las referencias bíblicas en este libro son tomadas de la versión Reina-Valeria 1960 a menos que se indique otra versión.

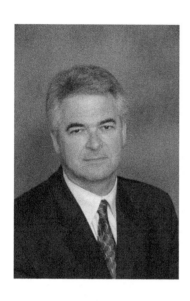

el Autor

En octubre de 2004, el pastor Rev. Carlton L. Coon, Sr., llegó a ser Director de la División General de Misiones Internas de la Iglesia Pentecostal Unida, Internacional. A través de los años él ha sido evangelista y ha fundado una iglesia. En años recientes, comenzó a realizar trabajos de misiones internas (iglesias hijas) y ha sido pastor de una iglesia sana y próspera. El Rev. Carlton y su esposa, Norma, han estado en el ministerio de tiempo completo por más de 27 años. Ellos tienen dos hijos: Vereda y Chris. Durante su ministerio, el pastor Coon ha predicado en campamentos juveniles, campamentos familiares, conferencias, y seminarios en todas partes de Norteamérica y otras naciones del mundo. Él es el autor de varios trabajos incluso: *Las cosas diarias de la vida cristiana* publicado en 1994, *Cuidado de los nuevos convertidos* publicado en 1992, *Visitando a los visitantes* publicado en 1992, y *Preguntas de predicadores pentecostales* publicado en 2005.

Contenido

Introducción

Esta guía del crecimiento cristiano ha sido diseñada para ayudarle y agregar conocimiento a su experiencia. Aproveche por favor los contenidos de la lección, las tareas, y cualquier tiempo de discusión disponible en el aula. Todos éstos le pueden ayudar a usted a retener la información que tiene en sus manos.

En más de doce años de ser pastor, nuestras dos congregaciones no han tenido a un solo converso que no pudiera hacer tiempo para formar parte en una clase y recibir enseñanza para los recién allegados a la iglesia. Esta estadística es asombrosa. Nuestra capacidad de hacer discípulo al nuevo creyente es reforzada por un ambiente de una clase pequeña que permite tiempo para preguntas y participación de los nuevos convertidos.

Sesión Uno

Salvación y después

El **objetivo de esta lección:** Presentar la unicidad de la salvación y examinar la necesidad del desarrollo continuado en la vida cristiana.

I. La salvación es una bendición maravillosa. Afecta el presente, el futuro y el porvenir eterno. Como usted ya ha descubierto, una relación con Dios tiene un efecto en la vida diaria en una manera positiva. Permítanos examinar más atentamente el milagro de la salvación.

    A. Bíblicamente, la salvación es descrita como:
        1. Redención (Romanos 3:24)
        2. Santificación (2 Tesalonicenses 2:13)
        3. Ser llamado (Gálatas 5:13)
        4. Ser escogido (Efesios 1:4)
        5. Nuevo nacimiento (Juan 3:1-5)

    B. Cada uno de los términos mencionados arriba serán definidos a través de nuestros estudios en las próximas semanas.

    C. Un escritor dijo que las probabilidades matemáticas que un individuo nazca son 1 en 700.000 por generación. ¿No es increíble que a usted haya sido proporcionado la oportunidad de nacer de la carne y del espíritu?

    D. Probablemente el beneficio más grande de la salvación es el hecho que una persona tiene otra oportunidad de comenzar de nuevo. Piense en los errores que usted ha cometido. Por causa de la salvación, estos errores son perdonados y son olvidados. Esta es una oportunidad de volver a empezar.

II. Ahora que usted ha nacido de nuevo, ¿qué acciones piensa o cree usted que debe comenzar a pasar en su vida?

    A. Colosenses 2:6-12 nos menciona varias cosas las cuales debemos de considerar:
        1. Ser arraigados/tomar raíces. (2 Reyes 19:30; Mateo 13:5-6, 20-21; Efesios 3:17) Las lecciones en esta serie han sido diseñadas para

desarrollar un sistema fuerte de raíz, o un sistema fundamental, bien arraigado, en su vida cristiana.

2.   Ser edificados. (Efesios 2:20-22)

3.   Ser confirmados. (Romanos 1:11)

Note que somos arraigados, edificados y confirmados en el fundamento de lo que hemos sido <u>enseñados</u>. Nos ayudará a comprender la necesidad de tener cuidado y atender lo que estamos siendo enseñados.

B.   Hay algunas cosas que querrían impedir esta experiencia del crecimiento, pero no debemos permitirlo.

1.   Filosofías

2.   Huecas sutilezas

3.   Las tradiciones de los hombres

4.   Los rudimentos del mundo (La Biblia de las Américas dice "los principios elementales del mundo.")

A.   Colosenses 3:1-4 nos enseña un principio adicional. Nos dice que debemos poner la mira en las cosas de arriba.

III.   Usted ha experimentado un "nuevo nacimiento". Este nacimiento es descrito en Juan 3:5-8.

A.   El nacimiento es definido como el principio de la existencia; un principio; un origen.

B.   El nuevo nacimiento viene cuando nacemos de nuevo:

1.   Del agua (El bautismo en el nombre de Jesús)

2.   Del Espíritu (El Espíritu Santo)

C.   2 Corintios 5:17 dice que somos nuevas criaturas **en** Cristo. Adicionalmente, las cosas <u>**viejas**</u> pasaron, y todas son hechas <u>**nuevas**</u>.

IV.   Lo importante es el hecho que el nacimiento no es la culminación de la vida - es el principio. Hay que tener el desarrollo espiritual, y los retos hay que ser anticipados en esta nueva vida.

V.   Los pasos sencillos a prepararse para vencer – Piense en estos claves a su crecimiento personal y después los haga que sean parte de su vida.

A.   Lea la Biblia diariamente. Si usted no lo encuentra fácil de leer la Versión de Reina-Valera 1960, una opción buena es la Biblia de la Nueva Versión

Internacional. Algunas ayudas importantes en el estudio de la Biblia son una concordancia completa y un diccionario de la Biblia.

B.   Un principio importante en que se debe pensar es:

"Lo qué los hombres son enseñados determinarán lo que ellos crean."
"Lo qué ellos creen determinarán lo que ellos hagan."
"Lo qué ellos hacen determinarán su destino."

C.   Usted está en los años formativos del desarrollo cristiano. Estos tiempos son <u>muy importantes</u>.
1.   Su trayectoria del crecimiento será decidida por cómo usted empiece su camino con Dios. Si usted empiece su crecimiento espiritual tratando de alcanzar la excelencia en su vida cristiana y buscando las cosas que pueden mejorar su propósito cristiano, entonces su futuro en Dios será bastante fuerte. Si usted no enfoque en desarrollar hábitos buenos como los de la oración, de la lectura de Biblia, del estudio de Biblia, y de la asistencia a la iglesia, entonces su crecimiento futuro será limitado.

D.   Puede parecer que usted tenga un camino muy largo a viajar, y muchos nuevos hábitos a desarrollar. No desespere, un antiguo proverbio chino dice, "El viaje de mil millas empieza con un solo paso."

Sesión Uno – Hoja de estudio

Respuestas

Nombre de estudiante: _____

Fecha: _____

1. ¿Cuáles son las tres cosas que Colosenses 2 nos dice que debemos hacer con nuestra fe?_____,_____,_____

2. Volverá a echar raíz abajo, y dará _____ arriba. Dé una referencia bíblica para este pasaje: _____.

3. ¿Cuál es el fundamento de la iglesia, como estudiamos en nuestra lección?
    _____

4. ¿Quién es la principal piedra del ángulo? _____

5. ¿Por qué deseó Pablo que visitara la iglesia en Roma?
    _____
    _____

6. ¿Cuáles son cuatro cosas que pueden impedir su relación de crecer espiritualmente con Dios?_____
    _____

7. ¿Con quién hablaba Jesús en Juan 3:1-8? _____

8. ¿Cuáles son dos cosas que deben pasar para que una persona entre en el Reino de Dios?_____
    _____

9.   ¿Cómo piensa crecer como cristiano?_____

_____

10.   ¿Qué planes tiene para su futuro más adelante como parte de la iglesia de Dios?

¿En qué ministerios se puede ver a usted que usted mismo sirva?

_____

_____

_____

11.   ¿Hay partes de esta lección que le gustaría tener clarificadas? ¿Cuáles son?

_____

_____

Pregunta extra
(Preparación para Lección 2)

Estudie el concepto bíblico del "goel" (hebreo), o el pariente cercano (redentor), y prepárese para hablar acerca de lo que significa tener alguien así. Una sugerencia: Lea el libro de "Rut".

Sesión Dos

¡Cómo llegamos a Dios!

El objetivo de esta lección: Considere el proceso por lo cual uno toma una decisión de acercar a Dios. La experiencia de cada individuo es diferente, pero hay algunas cosas que cada uno de nosotros tenemos en común.

I.   Uno de los términos de que hablamos en la lección uno que fue utilizado para describir la salvación es la palabra "redención", o el ser redimido.

   A.   Se defina *redimir*: Rescatar o sacar de la esclavitud al cautivo, mediante precio. Comprar de nuevo lo que se había vendido, poseído o tenido por alguna razón. Dejar libre una cosa hipotecada, empeñada o sujeta a gravamen. Librar, extinguir una obligación. Poner término a un vejamen, dolor, penuria u otra adversidad o molestia. (Diccionario Porrúa de la Lengua Española, Editorial Porrúa, México, DF, 1998.)

   B.   El concepto de un "Goel" (hebreo), o pariente cercano redentor, es presentado en Levítico 25:25. La ley requirió que tres requisitos fueran cumplidos en el proceso de la redención. Tenía que:
   1.   Ser el pariente más próximo
   2.   Ser capaz, solvente
   3.   Querer hacerlo

   C.   La historia de la humanidad es una del paraíso perdido - como la creación de Dios fue vendida lejos de Su voluntad perfecta. ¿La pregunta se hizo, "Cómo se puede ser recobrada?"

   D.   Las provisiones que Dios hizo para redimirnos pueden ser encontradas en los versículos siguientes:
   1.   1 Pedro 1:18,19

        2.   Romanos 5:6-8

    E.   ¿Ha reflexionado sobre como usted llegó a ser salvo?
          1.   Efesios 2:8-9
          2.   Se defina gracia: Don de Dios dirigido a nuestra salvación. Don natural que hace agradable a una persona. Benevolencia y amistad. Encanto, hechizo, misericordia, favor. Una definición común de la gracia de Dios es "el favor inmerecido de Dios."

II.   Consideremos su experiencia retrospectivamente:

    A.   ¿Cómo llegó a estar aquí? Los versículos siguientes pueden ayudar a explicar lo que pasó en su vida.
          1.   Juan 1:12,13
          2.   Juan 6:44
          3.   Hechos 16:14 - ¿Qué había hecho Dios en el corazón de Lidia?

    B.   Considere algunos de los incidentes que sucedieron en su vida que empezaron a llevarle a Dios.

    C.   <u>Convicción</u> - ¿Dios estaba llevándole a usted desde donde usted estaba a donde Él está? ¿Cómo se sintió mientras que Dios trabajaba en su vida?

III.   El arrepentimiento – el primer paso que el hombre toma hacia Dios.

    A.   Se defina *arrepentimiento*: pesar de haber hecho alguna cosa. La palabra original griega significa "dar media vuelta."

    B.   ¿Cuán grave es? Hechos 17:30 nos dice claramente que Dios manda que nos arrepintamos.

    C.   Lea- Isaías 55:7, 1 Juan 1:9, y Proverbios 28:18 para pensamientos adicionales sobre lo que Dios pide de nosotros.

IV.   El arrepentimiento no es solamente para los que no son convertidos. El arrepentimiento es también para el cristiano:

Después de que usted nace de nuevo (espiritualmente), probablemente habrá tiempos del fracaso. Tales cosas no nos deben parar, sino nos dirigen a arrepentirnos y esforzarnos más duro para complacer a Dios. Dios sabe nuestras debilidades y ha proveído el privilegio de corregir las injusticias, o los pecados, por la avenida del arrepentimiento para los que son salvos.

A.   Mateo 6:5-15 - A través de la oración, aprendemos a pedir perdón como también perdonamos a los demás.

B.   Mateo 5:23-24 ordena como debemos reconciliarnos con nuestro hermano cuando hay problemas entre nosotros.

C.   1 Juan 1:7-9 – Cuando fallamos, si confesamos nuestros pecados, Él perdonará nuestros pecados y nos limpiará.

D.   1 Juan 2:1-2 - Si pecamos, tenemos un abogado con el Padre.

Como un hijo de Dios, nos esforzamos por vivir sobre el pecado porque Cristo vino para salvarnos de nuestro pecado; no podemos ser salvos mientras que nos quedamos en nuestros pecados; tenemos que mantenernos separados de nuestros pecados. Si fallamos, no debemos parar ni desanimarnos, sino arrepentirnos. Hay que recordar las escrituras que hemos estudiado.

Nunca se debe de olvidar, ni por el cristiano ni por el pecador, el poder positivo del arrepentimiento. Dios todavía reina en el cielo y perdona a todos que obedecen Su palabra sin tener en cuenta a quién ellos sean. No importa cuantos pecados hemos cometido, Dios nos perdonará TODAS nuestras transgresiones. Hay solo un pecado que Dios no perdonará, y eso es blasfemia contra el Espíritu, Mateo 12:31-32.

Qué Dios bendiga esta lección a su corazón. Mientras que cuenta al mundo acerca de la esperanza que tiene adentro de usted, la primera razón que le puede darles es, "Me he arrepentido de mis pecados y Dios me ha perdonado."

Sesión Dos — Hoja de estudio

Respuestas

Nombre de estudiante: _____

Fecha: _____

1. ¿Cuáles son los tres requisitos que hay que ser cumplidos antes de que una se pueda ser "pariente cercano redentor?"_____,

    _____, _____

2. Define gracia: _____

    _____

    _____

    _____

3. ¿Qué hace que los hombres se acercan a Dios?_____

    _____

4. Describe sus sentimientos que se sentía cuando la convicción empezó a tratar con su corazón. _____

    _____

    _____

    _____

    _____

5.   ¿Qué es el arrepentimiento? _____

_____

_____ ¿Quién debe

arrepentirse? (Dé una referencia bíblica.) _____

_____

6.   ¿Qué debe suceder cuando un cristiano falla? _____

_____

_____

_____

_____

7.   ¿Quién es el abogado de la iglesia con el Padre? (Dé una referencia bíblica.)

_____

_____

_____

8.   ¿Hay partes de esta lección que le gustaría tener clarificadas? ¿Cuáles son?

_____

_____

_____

_____

Pregunta extra
(Preparación para Lección Tres)

Halle un versículo, o versículos, de la Biblia que indica que "Jesús" es el nombre del Padre, el nombre del Hijo, y el nombre del Espíritu Santo.

Sesión Tres

El bautismo en el nombre de Jesucristo

El objetivo de esta lección: Solidificar su entendimiento del bautismo en el nombre de Jesucristo.

I. Si no tenemos cuidado, podemos permitir que la culpa afecte nuestra vida aunque hemos sido perdonados. Tales sentimientos afectarán su crecimiento espiritual. Necesitamos entender el perdón de Dios y lo que pasa cuando uno es perdonado por Dios.

   A. 1 Corintios 6:11 – Una definición sencilla de la justificación es "mi relación con Dios es como si yo nunca hubiera pecado."

   B. ¿Cuáles son cuatro cosas que Dios hace con pecados perdonados?
     1. Los echa en lo profundo del mar. (Miqueas 7:19)
     2. Los echa tras sus espaldas. (Isaías 38:17)
     3. No se los acuerda más. (Jeremías 31:34)
     4. Los hace alejar de nosotros cuanto está lejos el oriente del occidente. (Salmos 103:12)

   C. Romanos 8:1-3 es una expresión tan hermosa de lo que significa ser parte de la "Iglesia No Condenada".

II. La obediencia es una parte importante de estar bien con Dios. Obedecemos Su Palabra porque queremos cumplir Su voluntad con nuestra vida. ¿Qué piensa Dios acerca de la obediencia?

   A. 1 Samuel 15:22

   B. Una paralela puede ser dibujada entre el quebrantamiento de las leyes del hombre y el quebrantamiento de la ley de Dios. El quebrantamiento de la ley de nuestro gobierno nos lleva a la infelicidad. El mismo es verdadero para las leyes de Dios.

III. ¿Cuáles son algunas opiniones que la gente tiene acerca de la necesidad o el mérito del bautismo? ¿Logramos algo espiritualmente con el bautismo?

    A. Es comparado con ser sepultado - Romanos 6:4, Colosenses 2:12

    B. Jesús fue sepultado según las escrituras (1 Corintios 15:4). Nosotros también debemos ser bautizados según las escrituras.

    C. ¿Por qué debemos ser bautizados? ¿Cómo debemos contestarles a ellos que nos preguntan sobre el bautismo?
        1. 1 Pedro 3:15

IV. Sesiones apartes

    A. Según Mateo 28:19, Hechos 2:38, Hechos 8:16, Hechos 10:48, Hechos 19:5, y Lucas 24:47, ¿qué formula fue utilizada en bautismo? Basado en sus investigaciones, muestre armonía entre Mateo 28:19 y Hechos 2:38.

    B. Según Mateo 3:16 y Hechos 8:36-39, ¿qué método del bautismo fue utilizado? Además tome en cuenta que la palabra griega del bautismo significa sumergir o saturar.

    Compare lo que Romanos 6:4 dice sobre el bautismo con el método bíblico que usted acaba de descubrir.

    C. Según Marcos 16:16, Hechos 2:37-38, y Hechos 10:47-48, ¿qué serio es el bautismo en los ojos de Dios?

    D. Según Isaías 9:6; Juan 5:43, 10:25; y Hebreos 1:4, ¿cuál es el nombre del Padre?

    E. Según Mateo 1:21 y Filipenses 2:9-11, ¿cuál es el nombre del Hijo?

    F. Según Juan 14:18, 26; Romanos 8:9; 2 Corintios 3:17; y Colosenses 1:27, 2:6, 7, ¿cuál es el nombre del Espíritu Santo?

V. ¿Qué hace el bautismo?

    A. El perdón de los pecados - Lucas 24:47, Hechos 2:38

B.   El lavamiento de los pecados - Hechos 22:16, 1 Corintios 6:11

C.   La regeneración o el "nacimiento" del agua - Tito 3:5

D.   El purificar y el limpiar de la conciencia - 1 Pedro 3:20-21, Hebreos 9:14

E.   El ser sepultado - Colosenses 2:12, Romanos 6:3-4

F.   El estar revestido de Cristo - Gálatas 3:27

Como usted puede leer, el bautismo no es solamente el "hacerse miembro de la iglesia." Tiene implicaciones espirituales que nada más puede lograr.

Sesión Tres – Hoja de estudio

Respuestas

Nombre de estudiante: _____

Fecha: _____

1. Según 1 Corintios 6, ¿por cuáles dos cosas somos justificados?

    _____

    _____

2. Los que andan conforme al Espíritu no deben tener ninguna

    _____ en su vida. (Romanos 8: 1)

3. ¿La obediencia es mejor que qué cosa según 1 Samuel?

    _____

4. ¿Para qué razón debemos prepararnos ante todo aquel que nos pregunta acerca de

    nuestra salvación, según las obras de Simón Pedro? _____

    _____

    _____

    _____

5. ¿Qué actitud debemos manifestar a ellos que nos preguntan acerca de nuestra fe?

    _____

    _____

    _____

6.   ¿Qué nombre fue utilizado en el bautismo?

_____

7.   ¿Con qué se compara el bautismo en Romanos 6:4?

_____

8.   ¿Cuál es el nombre del Padre? (Dé una referencia bíblica.)

_____

_____

9.   ¿Cuál es el nombre del Hijo? (Dé una referencia bíblica.)

_____

_____

10.   ¿Cuál es el nombre del Espíritu Santo? (Dé una referencia bíblica.)

_____

_____

11.   ¿Cuáles son cuatro cosas que el bautismo hace?

_____

_____

_____

12.   ¿Hay partes de esta lección que le gustaría tener clarificadas? ¿Cuáles son?

_____

_____

Sesión Cuatro

El Espíritu Santo

El objetivo de esta lección: Darle al estudiante un entendimiento básico del Espíritu Santo. Incluye lo que es el Espíritu Santo y lo que puede hacer en la vida de un cristiano.

I. Muchos de los profetas del Antiguo y del Nuevo Testamento profetizaron del Espíritu Santo.

    A. Isaías:
        1. Isaías 28:9-12 profetiza de lengua de tartamudos, y de extraña lengua.
        2. Isaías 12:1-6 habla del sacar con gozo aguas de las fuentes de la salvación.

    B. Joel:
        1. Joel 2:28-29 profetiza del derramamiento del Espíritu sobre toda carne.
        2. NOTA: En Hechos 2:16-18 Pedro dice que el derramamiento del Espíritu Santo en el Día de Pentecostés cumple la profecía de Joel.

    C. Juan el Bautista:
        1. Juan profetiza del bautismo del Espíritu Santo que vendría después de su muerte.
        2. Mateo 3:1 1, Marcos 1:8, Lucas 3:16, Juan 1:33 Los escritores de los cuatro Evangelios registran la profecía de Juan del bautismo del Espíritu Santo.

II. Jesucristo habló acerca del Espíritu Santo

    A. Lucas 24:19, Hechos 3:22-23 Registra el hecho que Jesús era un profeta. Jesús profetizó de muchas cosas como de la destrucción de Jerusalén, del

Anticristo, etc. El tema de nuestra lección fue profetizado por Él - "El ser lleno del Espíritu Santo."

1. Juan 7:37-39 Jesús dijo que el Espíritu Santo sería como ríos de agua viva. Juan 7:39 es la explicación de Juan sobre lo que Jesús estaba diciendo.

2. Juan 14:16-17, 26; 15:26; 16:7-13 En estos versículos, Jesús habla del Consolador, lo cual es el Espíritu Santo.

3. Hechos 1:4-8 Jesús instruyó a los discípulos de ser <u>bautizados</u> con el Espíritu Santo, pero como podemos ver de la escritura, era Él quien <u>bautizó</u> con el Espíritu Santo.

4. No sólo profetizó Jesús del Espíritu Santo, pero de lo que podemos ver en las Escrituras, Él fue quien <u>bautizó</u> con el Espíritu Santo.

Aquí tenemos a cuatro grandes profetas, uno de los cuales es Jesucristo, diciéndonos que podemos tener el Espíritu Santo. Pedro, en Hechos 2:39, profetizó de "todos los que están lejos" (lo cual incluye a nosotros) que son capaces de recibir la promesa del Espíritu Santo. La escritura profética ha sido realizada repetidamente desde el día de Pentecostés en 33 d. de J.C. Incluso en nuestros días, hombres y mujeres por todo el mundo reciben el Espíritu Santo, evidenciado por el hablar con lenguas.

III. Una doctrina que se escucha frecuentemente hoy es la del "sólo cree." Es importante que entendamos que hay que hacer más para agradar a Dios de lo que algunas de estas doctrinas proponen. Exploremos estas doctrinas.

A. La base bíblica de la doctrina del "sólo cree."
1. Hechos 16:30, 31 - (¿Qué siguió la confesión?)
2. Romanos 10:6-13 - ¿A quién fue escrito Romanos 10? (Pablo no está presentando una doctrina de salvación para los que no creen; él está declarando lo que ocurre en la vida de uno quien cree realmente. Es algo escrito a la gente que ya han convertido.)

B. Además, todo esto ignora Juan 7:37-39 y Marcos 16:16-18, los cuales hablan acerca de lo que sucede a los que creen.

IV. ¿Cuál es el significado de Pentecostés?

A.   La palabra *Pentecostés* simplemente significa

         _____.

B.   Levítico 23:15-17

C.   Dios le dio a Moisés la ley 50 días después de la Pascua.

D.   Paralelos entre el Pentecostés del Antiguo Testamento y el Pentecostés del Nuevo Testamento:

	Antiguo Testamento	**Nuevo Testamento**
Iniciada	La ley	La iglesia
Primicias	Celebradas	Experimentadas
La ley	Escrita	Puesta en el corazón (Jeremías 31:33)
La experiencia humana	3,000 murieron (Éxodo 32:28)	3,000 llenos (Hechos 2:41)
La promesa	Una puerta abierta (Deuteronomio 12:11)	Una puerta abierta (Hechos 2:39)

V.   Entonces la pregunta pueda ser, "¿Qué tan importante es tener el Espíritu Santo?"

     A.   Juan 3:5 - Debemos ser nacidos del agua y del *Espíritu* si vamos a entrar en el reino. El nacimiento del Espíritu es la experiencia sobre que estamos estudiando hoy.

     B.   Romanos 8:9-11 Una frase que es un sinónimo del Espíritu Santo es el Espíritu de Cristo. Estos versículos explican dos cosas muy importantes:
         1.   "Si alguno no tiene el Espíritu de Cristo, no es de él."
         2.   "El Espíritu Santo es un requisito de la resurrección."

     A.   Mateo 12:43-45 - Como la parábola de Jesús muestra, es esencial que seamos no solamente lavados, sino llenos también. Esta llenura no es nada menos que el Espíritu de Dios, el Espíritu Santo, entrando en nuestra vida.

VI.   ¿Cómo es que alguien reciba el Espíritu Santo?

      A.   La fe - (Hebreos 11:6)

      B.   El arrepentimiento - (Hechos 2:38) Preparación para la santidad

      C.   La adoración - Dios habita entre las alabanzas de Su pueblo. Considere lo que los discípulos hacían en el aposento alto en Hechos 1 y 2.

VII.   A veces se preguntan, "¿Para quién es prometido el Espíritu Santo? "y "¿Puedo yo tener el Espíritu Santo a pesar de lo malo de mi pasado?"

      A.   Joel 2:28, 29 La promesa es para toda carne: hijos, hijas, siervos, y siervas.

      B.   Mateo 3:11 y otros pasajes refiriendo al bautismo de Juan, hablan de Juan predicando a fariseos, saduceos, soldados, publícanos, Herodes, y a la gente de Judea, Jerusalén, y regiones de Jordán. A todos los que le escucharan, les dijo a ellos que Jesús les iba a bautizar en Espíritu Santo y fuego.

      C.   Hechos 2:38,39 El Espíritu Santo es prometido a todos los a quien estaba hablando, "para vosotros" (judíos) y "para vuestros hijos" y para todos los que "están lejos" (los gentiles).

      D.   Hechos 5:32 El Espíritu de Cristo es prometido a los que le obedecen.

      E.   In Hechos 8 Los samaritanos son notados por haber recibido el Espíritu Santo.

      F.   En Hechos 10 es el primer caso de un gentil añadido a la iglesia del Nuevo Testamento. No debe ser sorpresa encontrar que el gentil centurión, Cornelio, y los de su casa recibieron el Espíritu Santo.

      G.   En Hechos 10:35 Pedro declare la nueva revelación que había recibido: "sino que en toda nación se agrada del que le teme y hace justicia."

      H.   Apocalipsis 5:9 La iglesia triunfante de Cristo vendrá ". . . de todo linaje y lengua y pueblo y nación."

I.   Como podemos ver bien, si satisfacemos las condiciones de Dios, Él no hace acepción de personas, pero llenará del Espíritu Santo a todo el que pida. (Lucas 11:13)

VIII. El pacto de Dios con los hombres

   A.   Dios siempre ha proveído señales físicas del cumplimiento de Su promesa.
      1.   La sombra volvió atrás diez grados para Ezequías
      2.   El Espíritu descendiendo como paloma sobre Cristo después que fue bautizado.
      3.   El arco iris de Noé en las nubes

   B.   ¿No hay también una indicación física del pacto de Dios con la iglesia del Nuevo Testamento? ¿Cómo sabe uno que ha recibido el Espíritu Santo?
      1.   Isaías 28:9-12 (La promesa)
      2.   Hechos 2:1-4 (La promesa cumplida)
      3.   Hechos 10:44-48
      4.   Hechos 19:1-6

   C.   En cada caso donde había una conversión, la gente habló en lenguas según el Espíritu de Dios les daba que hablasen. Es la señal inicial de la llenura del Espíritu.

Esperamos que esta lección le dé un entendimiento concienzudo de los principios sobre el Espíritu Santo. El Espíritu de Cristo es lo que realmente separa el cristiano del mundo. Si usted todavía no ha recibido el Espíritu Santo, busque con empuje que el Espíritu de Dios entre en su vida.

Sesión Cuatro – Hoja de estudio

Respuestas

Nombre de estudiante: _____

Fecha: _____

1. ¿Qué pasaje de escritura en el Antiguo Testamento refiere a lengua de tartamudos y extraña lengua?_____

2. ¿A cuál profeta refirió Pedro en el Día de Pentecostés cuando estaba explicándoles a ellos de lo que estaba pasando? Dé la referencia bíblica del Antiguo Testamento. _____
    _____

3. Si quisiera explicar el plan de salvación, ¿cuáles son las escrituras que utilizaría? Dé una explicación breve.)_____
    _____
    _____
    _____

4. ¿Qué significa "Pentecostés" y qué conmemora? _____
    _____
    _____

5.   Según Romanos, ¿cuál es la relación de alguien con Dios si esta persona no tiene el Espíritu de Cristo? Dé la referencia bíblica. _____

_____

6.   ¿Para quién es prometido el Espíritu Santo? _____

_____

7.   ¿Cuáles son los varios grupos que recibieron la promesa del Espíritu Santo en el libro de Hechos? (Incluya referencias bíblicas.) _____

_____

_____

_____

8.   ¿Cómo sabían aquellos en Hechos 10 que todos los de la casa de Cornelio habían recibido la promesa del Espíritu Santo? _____

_____

_____

9.   En su opinión, ¿por qué escogió Dios el hablar en otras lenguas como evidencia inicial de la llenura del Espíritu Santo? Provea referencias bíblicas necesarias.

_____

_____

_____

_____

_____

10. ¿Hay partes de esta lección que le gustaría tener clarificadas? ¿Cuáles son?

_____

_____

_____

Sesión Cinco

La naturaleza de Dios

El **objetivo de esta lección:** Proveer una explicación sencilla de la unicidad de Dios.

I.   Es importante tener un concepto práctico de quien es Dios y de como Él es. Con los muchos términos que son aplicados a Dios (Dios, el Señor, Jehová, Jesús, Cristo, etc.) es fácil de estar confundido.

II.   La primera pregunta importante que queremos investigar es, "¿cuántos Dioses hay?"

     A.   Deuteronomio 6:4

     B.   Marcos 12:29 - Por favor note que esto es Jesús quien está certificando que esto es el primero de todos los mandamientos.

III.   La segunda pregunta es, "Si hay sólo un Dios, ¿cuál es Su nombre y Su naturaleza? ¿Está conformado Él por más de una entidad, separadas pero iguales, como lo expresa la Doctrina de la Trinidad?"

     A.   A beneficio de cualquier persona que piensa que la doctrina de la unicidad de Dios sea complicada, examine por favor "la Doctrina de la Trinidad," la cual apareció originalmente como el "Credo de Atanasio". El único cambio material que los protestantes trinitarios han hecho es la omisión de la mención de la Iglesia Católica.

     B.   El siguiente fue aceptado en este concilio como una doctrina de la Iglesia Católica. Fue tomado del "Credo de Atanasio" en Vol. 7, Página 366, de los "Padres Anti-Nicene" " (en español fue tomado de la siguiente dirección web el 30/4/07: http://www.contra-mundum.org/castellano/uttinger/Teo_Cred04.pdf.)

La doctrina de la trinidad

La Iglesia Católica abraza todavía "La Doctrina de la Trinidad" y la ha transmitido a nosotros en la forma siguiente:

1.   Todo el que quiera salvarse, debe ante todo mantener la Fe Católica.

2.   El que no guardare esa Fe íntegra y pura, sin duda perecerá eternamente.

3.   Y la Fe Católica es está: que adoramos un solo Dios en Trinidad, y Trinidad en Unidad.

4.   Sin confundir las Personas, ni dividir la Sustancia.

5.   Porque es una la Persona del Padre, otra la del Hijo y otra la del Espíritu Santo;

6.   Mas la Divinidad del Padre, del Hijo y del Espíritu Santo es toda una, igual la Gloria, coeterna la Majestad.

7.   Así como es el Padre, así el Hijo, así el Espíritu.

8.   Increado es el Padre, increado es el Hijo, increado el Espíritu Santo.

9.   Incomprensible es el Padre, incomprensible es el Hijo, incomprensible es el Espíritu Santo.

10.   Eterno es el Padre, eterno es el Hijo, eterno es el Espíritu Santo.

11.   Y, sin embargo, no son tres eternos, sino un solo eterno;

12.   Como también no son tres incomprensibles, ni tres increados, sino un solo increado y un solo incomprensible.

13.   Asimismo, omnipotente es el Padre, omnipotente el Hijo, omnipotente el Espíritu Santo.

14.   Y, sin embargo, no son tres omnipotentes, sino un solo omnipotente.

15.   Asimismo, el Padre es Dios, el Hijo es Dios, el Espíritu Santo es Dios.

16.   Y, sin embargo, no son tres Dioses, sino un solo Dios.

17.   Así también, Señor es el Padre, Señor el Hijo, Señor el Espíritu Santo.

18.   Y, sin embargo, no son tres Señores, sino un solo Señor;

19.   Porque así como la verdad cristiana nos obliga a reconocer que cada una de las Personas de por sí es Dios y Señor.

20.   Así la Religión Católica nos prohíbe decir que hay tres Dioses o tres Señores.

21.   El Padre por nadie es hecho, ni creado, ni engendrado.

22.   El Hijo es sólo del Padre, no hecho, ni creado, sino engendrado.

23.   El Espíritu Santo es del Padre y del Hijo, no hecho, ni creado, ni engendrado, sino procedente.

24.   Hay, pues, un Padre, no tres Padres; un Hijo, no tres Hijos; un Espíritu Santo, no tres Espíritus Santos.

25.   Y en esta Trinidad nadie es primero ni postrero, nadie mayor ni menor;

26.   Sino que todas las tres Personas son coeternas juntamente y coiguales.

27.   De manera que en todo, como queda dicho, se ha de adorar la Unidad en Trinidad, y la Trinidad en Unidad.

28.   Por tanto, el que quiera salvarse debe pensar así de la Trinidad.

Obviamente, es una manera muy complicada de expresar la naturaleza de Dios. Trágicamente, muchas personas son "creyentes" en la trinidad sin jamás ser capaz de definirla.

    C.   Defina algunos términos bíblicos:
        1.   *Dios* – la palabra hebrea es Elohim. Es un título y no un nombre. Como un título es como el término "Presidente" aplicado al jefe de estado de América.

2. *Señor-* la palabra hebrea es <u>Jehová</u>. Los hebreos escribían el término JHVH y no lo pronunciaban en voz alta, por temor a que ellos tomaran el nombre del Señor en vano. Jehová significa "el auto existente."

3. *Cristo* – la palabra griega es *Christos.* Es el equivalente griego de la palabra hebrea Mesías. Significa "el ungido."

4. *Jesús* – Es un nombre muy común entre los hebreos. Jesús era una expresión más moderna de Josué del Antiguo Testamento. Significa <u>Jehová quien salva</u>.

IV. Permítanos que examinemos algunos textos bíblicos que son pruebas que expresan la unicidad de Dios; la evidencia que el Señor Jesucristo es el Padre, el Hijo, y el Espíritu Santo.

Creación

A. ¿Quién creó el universo? Muchos teólogos contestarían, "el Padre creó el universo." Estoy de acuerdo. Permítanos que examinemos las escrituras:
1. Génesis 1:1 - Dios es el Creador.
2. Isaías 40:28 - Dios es el Creador.
3. Juan 1:1-3, 10, 14 - El Señor Jesucristo es el Creador.
4. 1 Corintios 8:6 - El Señor Jesucristo es el Creador; Dios es el Creador; pero además Cristo también es el Creador. ¿Habían dos creaciones separadas? ¡No! El Señor Jesucristo y Dios son uno y el mismo.

Redención

B. ¿Quién redime la humanidad de su pecado? Muchos teólogos responderían "el Señor Jesucristo, el hijo de Dios." Estoy de acuerdo. Permítanos que examinemos las escrituras:
1. 1 Pedro 2:21-24 – El Señor Jesucristo es el Redentor.
2. Tito 2:10-13 – Jesucristo es nuestro Salvador.
3. Lucas 1:46-47- Muchos llamaron Dios su Salvador.
4. Salmos 78:34-35 – Dios es llamado el Redentor de Israel.

Otra vez no hay dos redentores, sino uno. ¡Cristo y Dios son uno y el mismo!

C. Repase la "*¿Quién es Dios?" Rueda de profecía* que usted recibió en esta lección. Apenas como los dos, Jesús y Dios, son anunciados como

Redentor y Creador, la Biblia también los proclama como: piedra, volviendo, el pastor, el Rey, el YO SOY, y el primero y el postrero.

¡Nosotros sólo podemos llegar a una conclusión - Jesús y Dios son uno y el mismo!

V.   ¿Quién es el Padre? El Padre es la manifestación de deidad que se puede ver en la Creación.

    A.   Mateo 23:9 El Padre está en el cielo.

    B.   Efesios 4:4-6 Hay solo un Dios y Padre.

    C.   Isaías 9:6 Isaías profetizó que el Mesías vendría y que Su nombre sería llamado ". . . Padre eterno."

    D.   Juan 10:30   Jesús dijo, "Yo y el Padre uno somos."

    E.   Juan 14:8-9   Jesús dijo, " El que me ha visto a mí, ha visto al Padre:"

    F.   Juan 5:43 Jesús dijo, "Yo he venido en el nombre de mi Padre."

    G.   Entonces, ¿cuál es el nombre del Padre? La evidencia parecería ser clara. ¡El Señor Jesucristo define la paternidad de Dios!

VI.   El Espíritu Santo y no el Padre fue el que produjo la concepción en María.

    A.   Mateo 1:18-20

    B.   Lucas 1:35

VII.   El Hijo es Dios manifestado en carne (1 Timoteo 3:16) para el propósito de redención. Antes que una segunda persona en la Divinidad - esto fue simplemente un segundo oficio de la deidad. Dios no llegó a ser carne y hueso, porque Dios es un espíritu (Juan 4:24) más bien El vino en la semejanza de carne (Romanos 8:3).

    A.   Su nombre iba a ser llamado Jesús - (Mateo 1:21, Lucas 1:31)

    B.   Este Jesús es Señor (esto significa que es Jehová del Antiguo Testamento) y Cristo, el Mesías prometido (Hechos 2:36).

VIII.   El Espíritu Santo es el oficio en que Dios obra en la tierra. El Antiguo Testamento habla varias veces acerca de individuos que fueron llenos del espíritu. ¿Quién es el Espíritu Santo?

   A.   Efesios 4:4 dice que hay un Espíritu.

   B.   2 Corintios 3:17 dice, "El Señor es el Espíritu."

   C.   En Hechos 9:5, Pablo preguntó quién era el Señor. La respuesta era, "Yo soy Jesús, a quien tú persigues."

   D.   Juan 14:16-18 - Jesús dijo que vendrá como el Espíritu Santo.

IX.   Dios es Espíritu. Por naturaleza, Él es invisible.

   A.   Juan 4:24

   B.   Colosenses 1:15, 16

   C.   1 Timoteo 1:17

X.   Todo la Deidad, visible y expresada, habita en el Señor Jesucristo (Colosenses 2:9).

Sesión Cinco – Hoja de estudio

Respuestas

Nombre de estudiante: _____

Fecha: _____

1.   Según Deuteronomio 6:4, ¿Cuántos Dioses hay? _____

_____

2.   ¿Quién creó el universo?

_____

3.   Provea evidencia bíblica del nombre del Creador.

_____

_____

_____

_____

4.   En las líneas siguientes escriba una explicación de la *Rueda de profecía* que

muestra que Jesús es Dios y Rey. _____

_____

_____

_____

_____

5.   Provea evidencia que Jesús y el Padre son uno y el mismo. _____

_____

_____

_____

_____

6.   ¿Por qué piensa usted que Dios se manifestara él mismo en carne?

_____

_____

_____ Dé una base bíblica para sus

pensamientos. _____

_____

_____

_____

_____

7.   Si alguien fuera pedirle que les muestre por qué usted cree en un Dios, cuyo

nombre es Jesús, ¿cómo les explicaría? _____

_____

_____

_____

_____

_____

8.   ¿Hay partes de esta lección que le gustaría tener clarificadas? ¿Cuáles son?

_____

_____

_____

_____

_____

Sesión Seis

La escuela de la oración

El objetivo de esta lección: Ayudarle a aprender el potencial que existe en la oración.

I.   Definamos la oración y su lugar en la vida de un cristiano.

    A.   Oración ha sido definida como súplica o ruego a Dios… Palabra o conjunto de palabras con que se expresa un juicio. Rezo. (Diccionario Porrúa de la Lengua Española, Editorial Porrúa, México, DF, 1998).

    B.   Hay ocho palabras diferentes en el griego utilizadas para denotar la oración. Son divididas igualmente en el Nuevo Testamento entre sustantivos y verbos. (La oración no es solamente una cosa sino también una acción.) El sentimiento básico de cada término es un ruego o una petición.

II. ¿Qué tan importante es la oración en la vida cristiana? ¿Qué prioridad debe tener?

    A.   1 Tesalonicenses 5:17

    B.   Efesios 6:18

    C.   Filipenses 4:6

    D.   Lucas 11:1 - La oración fue la única cosa de que los discípulos pidieron a Jesús que les enseñara a hacer. Ellos observaron que la oración fue importante a Jesús.

III. Considere cuando Jesús oró:

    A.   Mateo 14:23, 24 - Mientras Sus discípulos luchaban con los vientos contrarios - Jesús oró.

B.   Lucas 6:12-16 - Antes de la decisión principal de escoger a los doce discípulos – Jesús oró.

C.   Marcos 6:46 - Después de dar de comer a unos cinco mil hombres más mujeres y niños – Jesús oró. La oración mantiene el ego bajo control en los momentos cuando Dios ha bendecido a uno con éxito.

D.   Mateo 26:36 - Antes del tribunal del concilio – Jesús oró.

E.   Lucas 9:28 - Antes de la transfiguración - Jesús oró.

No es sorprendente que los discípulos pidieran "Enséñanos a orar." Ellos habían visto oración como la actividad más constante en la vida de Cristo.

IV.   ¿Cómo podemos llegar a ser alguien que ora eficazmente?

A.   Hay que entender que "el práctico perfecciona." La escuela de la oración no es académica en naturaleza; ¡es enseñanza aplicada! Si usted quiere aprender a orar, empiece por orar.

B.   Busque un compañero de oración; alguien que usted considera que sea eficaz en la oración. Deje que esta persona le enseñe a usted a orar.

C.   Tome parte en los principios enseñados constantemente en esta iglesia. (Tal vez el plan de oración de su iglesia local será diferente de lo siguiente):
      1.   **Ante todo, la oración**. - Ningún ministerio significativo ocurre sin la oración. Nuestro coro no canta, los músicos no tocan, etc. sin orar primero. Ninguno de nuestro personal de la plataforma andan en la plataforma sin primero hacer una visita a la sala de oración.
      2.   **S.W.A.T. (Equipos de ataque de guerra espiritual)** - Estos son guerreros entrenados en la oración que son disponibles para orar acerca de cualquier necesidad especial que puede surgir.
      3.   **Tiempo de oración familiar** cada lunes de las 7 P.M. hasta las 8 P.M. ¡Esto es un gran tiempo de entrar en el espíritu de oración! Los adultos son los que oren. Al mismo tiempo, instrucción en la oración es dada a niños y jóvenes.
      4.   **Cadenas de oración** – Las tenemos una vez cada mes. Los Jefes de departamentos son requeridos, como parte de su descripción del puesto, a orar por lo menos un turno cada mes.

5. **Visite la sala de oración antes de los cultos de la iglesia**. La oración de los maestros de la escuela dominical es a las 9:15 A.M. Treinta minutos antes cada servicio oramos en la sala de convivió.

D. Desarrolle un hábito diario de oración. Podría significar todos tipos de disciplinas:
   1. Quizás no tomar café antes de orar.
   2. No leer el periódico antes de orar.
   3. Despertarse treinta minutos temprano.
   4. Orar treinta minutos antes de dormirse cada noche.
   5. Reunirse con un amigo en la iglesia.

V. ¿Cómo debo orar?

   A. En Lucas 11:2-4 Jesús provee un modelo de oración.

   B. El reloj de oración provee otro modelo.

   C. Crezca en la disciplina de la oración. Es un error de procurar llegar a ser el mejor guerrero de oración del mundo en una semana. Si usted no ora en absoluto, debe comprometerse a orar cinco minutos cada día. Sea disciplinado acerca del tiempo y del lugar de oración. La oración que será hecha "Cuando Puedo" parece nunca ser hecha. Crezca desde este principio pequeño. ¡La oración puede lograr cualquier cosa que Dios puede hacer!

VI. ¿Qué debe ser mi actitud cuando oro?

   A. Lucas 11:5-8 - Tenga la importunidad en su vida de oración. (*Discusión*: ¿Qué es una actitud de importunidad? J.B. Phillips traduce *la importunidad* como ". . . si uno persiste. . ." Un buen ejemplo de la importunidad son niños en el supermercado que piden algo de su madre."

   B. Lucas 11:9-10 – Pida con fe.

   C. Lucas 11:11-13- Nunca olvídese de su relación con Dios.

VII. Pensamientos finales:

   A. La oración es una disciplina de la vida cristiana. Debe llegar a ser un hábito positivo en nuestras vidas. Pero los hábitos son el resultado de una acción constantemente repetida. No debe orar ocasionalmente, de vez en cuando.

B.   Lea acerca de la oración. Hay varios autores. Algunos de sus libros están en nuestra propia Biblioteca del Desarrollo Cristiana.

        1.   Robert Henson *Fuerza número uno: la oración*
        2.   Andrew Murray
        3.   Vesta Mangun
        4.   Leonard Ravenhill
        5.   Joy Haney *Cuando ayunéis*
        6.   Fredi Trammel *El viaje en la oración*
        7.   Andrew Urshan
        8.   Judy Doughty *Guerra Espiritual Oración*
        9.   Steve Carrier *Verbal Bean: Oración*

C.   Escuche casetes sobre la oración. Varios de estos autores son oradores capaces que conmoverán a usted a orar.

Sesión Seis – Hoja de estudio

Respuestas

Nombre de estudiante: _____

Fecha: _____

1. ¿Qué importante es la oración a la vida cristiana? _____

    _____

    _____

    _____

    _____

    Dé una referencia bíblica para indicarlo. _____

    ¿Cómo propone hacer la oración diaria una prioridad en su vida? _____

    _____

    _____

    _____

    _____

2. ¿Por qué supone usted que los discípulos pidieran a Jesús que les enseñara a orar?

    _____

    _____

    _____

3.   ¿Qué hizo Jesús después que El había orado, según Lucas 6:12-16? _____

_____

_____

¿Qué hizo Jesús antes de orar, según Marcos 6? _____

_____

_____

4.   A usted, ¿qué clase de vida de oración le gustaría tener? _____

_____

_____

5.   ¿Cuáles son tres aspectos importantes de la oración que Jesús dio como un ejemplo cuando los discípulos dijeron, "Enséñanos a orar."?_____

_____

_____

6.   ¿Qué significa la palabra *importunidad*? _____

_____

_____

_____ ¿Cómo aplicaría la importunidad a la oración? _____

_____

_____

_____

7.   Escriba Lucas 11:9-10 en sus propias palabras: _____

_____

_____

_____

_____

8.   La oración es posible porque nuestra oración va dirigida a alguien que tiene una relación especial con nosotros. ¿Cuál es esta relación como encontrada en Lucas 11? _____

_____

_____

_____

9.   ¿Hay partes de esta lección que le gustaría tener clarificadas? ¿Cuáles son?

_____

_____

_____

Sesión Siete

El ministerio de la alabanza

El objetivo de esta lección: Iglesias que crecen son iglesias que alaban. Esta lección da las mecánicas, el espíritu y las razones para la alabanza.

Ya se ha dado cuenta de que usted es parte de una iglesia que cree en una libertad de alabanza y adoración. Esto es un concepto muy importante a permanecer renovado espiritualmente. Cuando crecemos en nuestra vida cristiana, debemos desarrollar un hábito consistente de alabanza.

I.　Una vista general de la alabanza bíblica y adoración bíblica.

　　A.　La alabanza no es nueva, porque la Biblia dice que estrellas de la mañana cantaron en la creación.

　　B.　Lea llamó el nombre de su hijo Judá, diciendo "ahora alabaré a Jehová."

　　C.　María alabó a Jehová después que Israel había cruzado el Mar Rojo y el ejército de Egipto había sido destruido en las aguas del mar.

　　D.　1 Crónicas 16:4 David puso delante del arca de Jehová ministros de los levitos para loar a Jehová Dios de Israel.

　　E.　Al nacimiento de Cristo los ángeles dijeron, "Gloria a Dios en las alturas" y los pastores volvieron a su lugar glorificando y alabando a Dios por todas las cosas que habían visto y oído. El cielo será lleno de una iglesia triunfante cantando una nueva canción, "Digno eres."

　　F.　Varias veces después que Jesús hizo milagros, las personas volvieron para adorarle.

II.   Definición de la alabanza:

La alabanza proclama las obras excelentes de Dios. Nosotros en general Lo alabamos por las cosas que El ha hecho. ¡La alabanza es el expresar de la gratitud por las bendiciones de Dios!

III.   Somos mandados alabar.

     A.   Salmos 98:4-9 Cantad alegres a Jehová, toda la tierra; Levantad la voz, y aplaudid, y cantad salmos. Cantad salmos a Jehová con arpa; Con arpa y voz de cántico. Aclamad con trompetas y sonidos de bocina, Delante del rey Jehová. Brame el mar y su plenitud, El mundo y los que en él habitan; Los ríos batan las manos, Los montes todos hagan regocijo Delante de Jehová, porque vino a juzgar la tierra. Juzgará al mundo con justicia, Y a los pueblos con rectitud.

          1.   Cantad alegres.

          2.   Levantad la voz.

          3.   Toda <u>la tierra</u> debe alabarle a Jehová.

     B.   Salmos 150:6 Todo lo que respira alabe a JAH. Aleluya.

     C.   Salmos 100:4 Entrad por sus puertas con acción de gracias, Por sus atrios con alabanza; Alabadle, bendecid su nombre.

          1.   Las puertas son la entrada; los atrios son el área de actividad.

     D.   ¿Quiénes quedan libres de la obligación de alabar a Dios? Salmos ll5:17, 18 No alabarán los muertos a JAH, Ni cuantos descienden al silencio; Pero nosotros bendeciremos a JAH Desde ahora y para siempre. Aleluya.

IV.   ¿Por qué debemos alabar a Dios?

     A.   2 Crónicas 7:3 Cuando vieron todos los hijos de Israel descender el fuego y la gloria de Jehová sobre la casa, se postraron sobre sus rostros en el pavimento y adoraron, y alabaron a Jehová, diciendo: Porque él es bueno, y su misericordia es para siempre. **Salomón alabó a Dios; no por la hermosura de la casa de Dios, sino por la bondad y la misericordia de Dios.**

     B.   Salmos 28:6 Bendito sea Jehová, Que oyó la voz de mis ruegos. **Alabe a Dios por escuchar sus oraciones.**

C.   Salmos 50:23 El que sacrifica alabanza me honrará; Y al que ordenare su camino, Le mostraré la salvación de Dios. **La alabanza glorifica a Dios.**

D.   Salmos 100:5 Porque Jehová es bueno; para siempre es su misericordia, Y su verdad por todas las generaciones. **Alabe a Dios porque su misericordia es para siempre.**

E.   Salmos 107:8 Alaben la misericordia de Jehová, Y sus maravillas para con los hijos de los hombres. **Alabe a Dios por su bondad y sus maravillas.**

F.   Salmos 150:2 **Alabadle por sus proezas; Alabadle conforme a la muchedumbre de su grandeza.**

G.   Lucas 2:20 Y volvieron los pastores glorificando y alabando a Dios por todas las cosas que habían oído y visto, como se les había dicho. **Alabe a Dios por todas las cosas maravillosas que usted oye y ve.**

V.   ¿Cómo debemos alabar a Dios? ¿Cuáles son las posturas y la acción de alabanza?

A.   Batir las manos
   1.   Salmos 47:1 Pueblos todos, batid las manos; Aclamad a Dios con voz de júbilo.
   2.   2 Reyes 11:12 Sacando luego Joiada al hijo del rey, le puso la corona y el testimonio, y le hicieron rey ungiéndole; y batiendo las manos dijeron: ¡Viva el rey!

B.   Alzar las manos
   1.   Salmos 134:2 Alzad vuestras manos al santuario, Y bendecid a Jehová.
   2.   Hebreos 12:12 Por lo cual, levantad las manos caídas y las rodillas paralizadas;
   3.   1 Timoteo 2:8 Quiero, pues, que los hombres oren en todo lugar, levantando manos santas, sin ira ni contienda.

C.   Gritar con júbilo
   1.   Esdras 3:11 Y cantaban, alabando y dando gracias a Jehová, y diciendo: Porque él es bueno, porque para siempre es su misericordia sobre Israel. Y todo el pueblo aclamaba con gran júbilo, alabando a Jehová porque se echaban los cimientos de la casa de Jehová.
   2.   Salmos 47:5 Subió Dios con júbilo, Jehová con sonido de trompeta.

3.   Isaías 12:1-6 En aquel día dirás: Cantaré a ti, oh Jehová; pues aunque te enojaste contra mí, tu indignación se apartó, y me has consolado. He aquí Dios es salvación mía; me aseguraré y no temeré; porque mi fortaleza y mi canción es JAH Jehová, quien ha sido salvación para mí. Sacaréis con gozo aguas de las fuentes de la salvación. Y diréis en aquel día: Cantad a Jehová, aclamad su nombre, haced célebres en los pueblos sus obras, recordad que su nombre es engrandecido. Cantad salmos a Jehová, porque ha hecho cosas magníficas; sea sabido esto por toda la tierra. Regocíjate y canta, oh moradora de Sion; porque grande es en medio de ti el Santo de Israel.

4.   Jeremías 31:7 Porque así ha dicho Jehová: Regocijaos en Jacob con alegría, y dad voces de júbilo a la cabeza de naciones; haced oír, alabad, y decid: Oh Jehová, salva a tu pueblo, el remanente de Israel.

D.   Danzar

1.   Salmos 149:3 Alaben su nombre con danza; Con pandero y arpa a él canten.

2.   Salmos 150:4 Alabadle con pandero y danza; Alabadle con cuerdas y flautas.

3.   Jeremías 31:13 Entonces la virgen se alegrará en la danza, los jóvenes y los viejos juntamente; y cambiaré su lloro en gozo, y los consolaré, y los alegraré de su dolor.

4.   Eclesiastés 3:4 tiempo de llorar, y tiempo de reír; tiempo de endechar, y tiempo de bailar;

5.   Éxodo 15:20 Y María la profetisa, hermana de Aarón, tomó un pandero en su mano, y todas las mujeres salieron en pos de ella con panderos y danzas.

6.   Salmos 30:11 Has cambiado mi lamento en baile; Desataste mi cilicio, y me ceñiste de alegría.

VI.   La postura de alabanza es movimiento constante. La alabanza debe ser una parte constante de la vida cristiana. No podemos ignorar la parte privada ni pública de la alabanza. Durante el próximo culto de alabanza, determine celebrar la bondad de Dios para con usted con exuberancia. Tal vez usted no sea tan demostrativo como otra persona. Si es así, trate de alabar a Dios en una danza o en un grito de júbilo durante su tiempo privado de oración.

Sesión Siete – Hoja de estudio

Respuestas

Nombre de estudiante: _____

Fecha: _____

1.   En sus propias palabras, ¿qué significa alabar a Dios? _____

       _____

       _____

       _____

2.   En este espacio, escriba una alabanza personal a Dios por algo especial en su vida.

       _____

       _____

       _____

       _____

       _____

       _____

3.   ¿Quiénes quedan exentos de alabar a Dios? _____

       ¿Por qué no podemos eludir la acción y actitud de alabanza? _____

       _____

       _____

       _____

_____

_____

4.   Cada uno de nosotros alabamos a Dios en nuestra propia manera especial. No hay

nada malo con eso. Más sin embargo, es esencial que cada cristiano tenga un

ministerio de alabanza. ¿En qué manera se siente usted más cómodo alabando a

Dios? _____

_____

_____

_____

5.   ¿Cómo alabó David a Dios mientras que conducían el arca de Dios a Jerusalén?

_____

_____

_____

Dé la referencia bíblica. _____

6.   ¿Por qué supone usted que el Pueblo de Dios Lo debían alabar con tanta

exuberancia? Si es posible, dé unas referencias bíblicas que apoyan su respuesta.

_____

_____

_____

7.   ¿Hay partes de esta lección que le gustaría tener clarificadas? ¿Cuáles son?

_____

_____

Sesión Ocho

El propósito cristiano de usted: "Llevar fruto"

El objetivo de esta lección: Despertar el deseo ver las almas añadidas al reino. Cualquier persona que tiene el fruto del espíritu en su vida verá a otras personas salvas como resultado de su vida. Esto debe ser el objetivo de cada cristiano.

I.   Discusión: Ahora que somos cristianos, ¿qué debemos hacer con nuestras vidas? Como una persona no convertida, usted pudiera haber tomado parte en muchas cosas que ya no son parte de su estilo de vida. ¿Qué deben ser el propósito y la meta de nuestra vida cristiana? Es esta pregunta que proponemos contestar en la lección de hoy.

II.   ¿Cuáles son algunas cosas que Dios quiere que usted haga con su vida? Además, ¿cómo puede usted saber que su vida sea agradable a Dios?

        A.   Se encuentra una respuesta importante en Mateo 12:33. Somos conocidos por los productos, o por el fruto, en nuestras vidas.

        B.   Juan 15:8 nos cuenta por qué el fruto es tan importante en la vida Cristiana.

III.   Lea Mateo 21:19, 20 para descubrir la actitud de Jesús con algo que no lleva fruto.

        A.   Las hojas sólo no _____.

        B.   Las hojas eran una promesa de fruto que era inexistente.

        C.   Jesús _____ al árbol improductiva.

        D.   El árbol _____.

IV.   Lea Lucas 13:6-9. ¿Qué observa usted de la parábola?

V.   Si un cristiano debe llevar fruto; ¿cuál es el fruto de la vida cristiana?

    A.   Romanos 1:13 - ¿Qué quería Pablo de la iglesia en Roma?

    B.   Gálatas 5:22-23 da una lista de varias cosas que son parte del fruto del Espíritu. ¿Cuáles son?

    _____

    _____

    _____

    Estas cosas necesitan ser parte de la vida de cada persona quien ha sido llena del Espíritu.

VI.   ¿Cómo se lleva fruto?

    A.   Considere una mirada bastante simplista al proceso natural. ¿Qué causa que un manzano produzca manzanas?
        1.   Todo empieza con una _____.
        2.   Esa semilla debe _____.
        3.   En la madurez, sus hojas recogen la luz del sol y el oxígeno mientras las raíces toman la humedad. Estos producen savia. Savia sube en la planta, últimamente produciendo fruto.

    B.   Repase Gálatas 5:22-24.

    C.   De Juan 12:24 determine lo qué una semilla debe hacer para reproducirse.

    D.   Juan 15:1-7 da varios pensamientos acerca del llevar fruto. Cuando usted lee, ve cuántos puntos que puede descubrir.

VII.   Se lleva fruto por morir al mundo y a la carne, ser lleno del Espíritu, y permitir a Dios que pode las partes improductivas de su vida.

El resultado mostrará en su actitud hacia la vida y otros. El resultado será las almas que llegan al reino de Dios. Esto es nuestro fruto.

El llevar fruto es una comisión que cada cristiano debe cumplir.

Sesión Ocho − Hoja de estudio

Respuestas

Nombre de estudiante: _____

Fecha: _____

1.   ¿Qué piensa usted debe ser la meta o el propósito de la vida de un Cristiano?

_____

_____

_____

_____

2.   Según Mateo 12:33, ¿cómo vamos a ser conocidos? _____

_____

_____

3.   En sus propias palabras, explique por qué el Señor comparó nuestras vidas a los

árboles que llevan fruto._____

_____

_____

4.   En Lucas 13:6-9, ¿qué iba a ser el destino del árbol si se quedó improductivo?

_____

_____

_____ ¿Cómo puede aplicar estas escrituras a su

propia vida espiritual?_____

_____

_____

_____

¿Qué puede hacer para que su vida espiritual sea más productiva?

_____

_____

_____

5.   Haga una lista de los nueve atributos del fruto del Espíritu que deben ser

manifiestos en la vida del cristiano renacido. _____

_____

_____

Dé la referencia bíblica. _____

6.   ¿Hay partes de esta lección que le gustaría tener clarificadas? ¿Cuáles son?

_____

_____

Sesión Nueve

La relación de usted con la iglesia

El objetivo de esta lección: Mostrar el valor de la iglesia y su necesidad en la vida de cada cristiano.

I.   A veces la gente tiene conceptos equivocados acerca de lo que es la iglesia. Quizás debemos empezar por decidir lo que es la iglesia.

    A.   ¿Al escuchar el término "la iglesia", qué piensa usted?

    B.   La palabra griega para iglesia es *ekklesia*, la cual significa _____

_____

_____

    C.   1 Corintios 12:12-27 hace seis puntos notables sobre la iglesia.
        1.   La iglesia es comparado a un

        _____.

        2.   La iglesia es un cuerpo pero tiene muchos

        _____

        3.   El factor unificador de estos miembros diversos es

        _____.

        4.   El cuerpo (la iglesia) tiene que aceptar diversidad. Todos no son un oído o un ojo.
        5.   Cada miembro de la iglesia es necesario.
        6.   Los miembros del cuerpo son _____.

II.   A veces la gente tiene expectaciones irrealistas acerca de la iglesia. ¿Cuáles sean tales expectaciones?

III.   Hay algunas cosas que la iglesia nos debe proveer:

   A.   Como hay diversidad, algunos van a ser fuertes en el área de nuestras debilidades.

   B.   Hechos 2 - la enseñanza sobre las doctrinas bíblicas. El mayor papel del pastor es ser maestro.

   C.   La comunión unos con otros - ¿Cómo se puede ser lograda por la iglesia?

   D.   Una oportunidad para servir en el Reino de Dios.

   E.   Un desafío que constantemente crezca en Dios - El evangelismo tiene que ser la fuerza que nos empuje.

IV.   Cada privilegio tiene una responsabilidad relacionada. Hay varias responsabilidades para los que son parte de la iglesia.

   A.   Hebreos 10:24, 25 La asistencia constante a la casa de Dios. Un buen hábito es siempre ser explicable al pastor con una llamada por teléfono cuando va a estar ausente de la iglesia.

   B.   Haga que sus fuerzas y habilidades sean disponibles al trabajo de Dios. Cada uno de nosotros tenemos habilidades únicas que a Dios le gustaría utilizar.

   C.   Compromiso
      1.   A la visión de la iglesia.
      2.   Al ser involucrado en el plan financiero de Dios para el Reino - 1 Corintios 16:2
      3.   Al sacrificar tiempo y energía para servir a ellos que necesitan nuestra ayuda.

   D.   Evangelismo - Tenemos que anunciar las buenas nuevas al mundo que está buscando.

   E.   Lealtad –El hablar destructivamente de su iglesia impedirá que otros entren en el Reino.

V.   ¿Qué hace a una iglesia que sea buena?

A.   Mateo 16:18
1.   Tiene la revelación de quien es Jesús.
2.   La iglesia acepta que siempre está "siendo edificada."
3.   Se ubica en una posición ofensiva a las puertas del Hades.

B.   Hechos 2:41-47
1.   Persevera en la doctrina de los apóstoles.
2.   Son unánimes – Unidad de propósito.
3.   Provee la comunión unos con otros que constantemente nos refresca.
4.   La comunión, tenían en común todas las cosas.

C.   Oración – La iglesia de Jerusalén oraron sin cesar para la liberación de Pedro de la cárcel. Como usted ha sido enseñado, la oración es una parte esencial del camino cristiano.

D.   Hechos 9:26-29, 11:25-30
1.   Abre las puertas a aquellos que han sido juzgados inaceptables por los demás, y crea un ambiente de bienvenida y lo caluroso.
2.   La presencia de hombres espirituales – Agabo recibió una revelación sobre el futuro.
3.   Envía a ministros a la obra del evangelio.
4.   Envía socorro a los hermanos.

E.   1 Corintios 14:12 – Iglesias buenas son comprometidas a la excelencia.

F.   Filipenses 4:10-23. Iglesias fuertes son comprometidas al dar.

La gente como usted y yo determina como va a ser la iglesia. Si nuestro propósito cristiano es ser de calidad superior podemos mejorar significativamente nuestro impacto en los que están a nuestro alrededor. Déjeme desafiarle que usted mantenga siempre una relación correcta con la iglesia. Un pensamiento final: " ¿Si todos en esta iglesia fueran exactamente como yo, qué clase de iglesia sería esta iglesia?"

Sesión Nueve – Hoja de estudio

Respuestas

Nombre de estudiante: _____

Fecha: _____

1. La Biblia describe a la iglesia como si fuera un cuerpo con muchos miembros. ¿Cómo piensa usted que le aplica a usted personalmente? _____

    _____

    _____

2. ¿Cuáles son algunas de sus áreas fuertes que permitirán que usted tenga una influencia positiva en el cuerpo de Cristo? _____

    _____

    _____

    _____

3. Como parte de la iglesia, ¿cuáles son algunas responsabilidades que tenemos?

    _____

    _____

    _____

4. ¿Por qué piensa usted que es importante que nos congreguemos? _____

    _____

_____

_____

5.   ¿Con qué frecuencia debemos orar? _____

_____

Dé una referencia bíblica. _____

6.   ¿Por qué dice la Biblia que es importante que asistamos a la casa de Dios?

_____

_____

_____

7.   ¿En qué manera debemos involucrarnos en el plan financiero de Dios para la iglesia? _____

_____

_____

8.   ¿Por qué nunca debemos hablar con otros de la iglesia en una manera mala?

_____

_____

_____

9.   ¿Hay gente en el cuerpo de Cristo los cuales han tenido una influencia positiva en usted y su relación con la iglesia? _____

_____

_____

_____

Describa en qué manera: _____

_____

_____

_____

_____

10.   ¿Hay partes de esta lección que le gustaría tener clarificadas? ¿Cuáles son?

_____

_____

Sesión Diez

Cada persona con un ministerio

> **El objetivo de esta lección:** Ayudarle a hallar su lugar y ministerio en el cuerpo de Cristo.

Una clave al crecimiento del alguien es el compromiso activo en el cuerpo de Cristo. Vamos a enfatizar varias cosas durante esta sesión.

1. _____ ha sido bendecida con habilidades únicas.

2. Poniéndose las _____ de uno a trabajar es _____.

3. Si alguien no _____ sus talentos, _____

   _____.

También, durante este tiempo vamos a descubrir las habilidades que tenemos que Dios puede usar.

I. Mateo 25:14-30 - La parábola de los talentos:

   A. Cada _____ no tiene la misma _____

      de talento.

   B. _____ causó que el hombre de "un talento" _____ su talento.

   C. Como el último hombre rehusó usar su talento, _____

      _____.

II. Según Efesios 4:11,12, Dios dio lo que ha sido llamado el ministerio de **cinco** partes para lograr tres cosas que son relacionadas:

A. _____ a los santos. La palabra _____

significa madurar.

B. El propósito de madurar a los santos, o miembros, es la _____

_____

_____. En otras palabras, Dios nos ha dado a

nuestro _____ y a otros ministros para preparar a

_____ que ministren.

C. El tercer logro del ministerio es la _____ (bendición, o
crecimiento) del cuerpo de Cristo.

III. Hay nueve dones espirituales que se encuentran en Corintios 12:8-10, pero justamente importantes a nuestro estudio son los nueve dones para **equiparnos** en Romanos 12:6-8. Cada persona tiene uno o más de estos dones en su vida. Es tan crítico que cada uno determine cuál sea su don y dónde esa función pueda ser usada en el cuerpo de Cristo.

Es importante entender que cada persona tiene un don. Efesios 4:7 dice que a cada uno de nosotros fue dada la gracia conforme a la medida del don de Cristo. Cada persona ha sido favorecida extraordinariamente por Dios.

Hallando donde cabe

A menudo el desafío más grande en el ministerio, en el trabajo de Dios, es encontrar un lugar que es cómodo para nosotros. No hay nada tan frustrante como tratar de hacer algo para lo cual uno es mal equipado. ¿Entonces cómo se encuentra uno el lugar que le corresponde?

A. Busque los indicios de sus intereses.
1. ¿Qué _____ usted?

2. ¿Qué _____ usted?

3. ¿Qué _____ usted?

4. ¿Qué _____ usted?

5. A usted, ¿qué _____ hacer?

IV.   Hemos sido instruidos que ministremos nuestros dones como buenos administradores de la multiforme gracia de Dios (1 Pedro 4: 10). La administración incluye el manejo de nuestro tiempo, talentos, dones y finanzas.

Lista corriente de oportunidades para servir
(Se va a variar para su iglesia.)

Percepción

1. Líder de grupo de oración
2. Consejero

Maestro

1. Maestro de educación cristiana (incluso la escuela dominical)
2. Maestro de cuidado en el hogar (para cuidar o animar a otros en la iglesia como los nuevos convertidos)
3. Maestro de los estudios bíblicos en casa
4. Maestro del compañerismo de los estudios bíblicos (grupo de cuidado)
5. Clases educativas especiales
6. Maestro en la guardería
7. Ministerio para los niños
8. La Escuela de Verano (escuela bíblica para los niños durante sus vacaciones)
9. Líder de un equipo misionero

Animo

1. Líder del compañerismo de los estudios bíblicos (grupo de cuidado)
2. Visitación
3. Ministerio por teléfono
4. Visitación a los hospitales
5. Ministerio en los asilos de ancianos
6. Consejero
7. Trabajar con los discapacitados
8. Escritor de cartas y tarjetas
9. Ministerio en la cárcel o la prisión
10. Líder de grupo de exploradores
11. Terapia (la física y la emocional)
12. Ministerio de ánimo (como el de Bernabé)

El dar

1. El financiamiento de un programa aprobado
2. Trabajar en un programa benévolo
3. El dar de su propia pericia, o conocimientos, a cualquier causa de la iglesia

4.   El dar de la hospitalidad, las comidas, y el hospedaje
5.   Ayudar a los sin hogar
6.   Ayudar a los pobres y necesitados
7.   Ayudar a las viudas y huérfanos
8.   Servir como presidente de finanzas o miembro del comité
9.   El trabajo voluntario por los jubilados
10. Ministerio de la oración
     a. Líder de la oración antes de los servicios
     b. Orar en los altares
     c. Intercesor
     d. Ser líder o parte del grupo de oración de las damas o de los varones
     e. Líder de la oración temprano en la mañana

Compasión

1.   Ministerio para los encerrados
2.   La hospitalidad, las comidas, y el hospedaje
3.   Visitación a los enfermos, los moribundos, hospitales, asilos de ancianos, centros de rehabilitación
4.   Proveer ayudas de audio o de video a los encerrados y a los enfermos
5.   Asistencia de enfermería, de carrera y voluntario
6.   Transportación al hospital
7.   Ministerio para los de edad

Liderazgo

1.   Miembro de juntas y comisiones
2.   Anfitriona o ujier principal
3.   Presidente de comité
4.   Director divisional
5.   Director departamental
6.   Líder de compañerismo, de convivíos
7.   Director de alguna actividad
8.   Oficial o director de una clase
9.   Director de la escuela de verano para los niños durante sus vacaciones
10. Líder de grupo de exploradores, de niños o de jóvenes
11. Miembro del comité del edificio
12. Jefe o diácono, entrenado y calificado
13. Facilitador de los dones de servicio

Administración

1. Miembro de juntas y comisiones
2. Administrador de negocio de iglesia
3. Secretario de finanzas
4. Bibliotecario
5. Director de drama
6. Director de la escuela bíblica para los niños durante sus vacaciones
7. Coordinador de campamientos
8. Niños exploradores
9. Coordinador de auxilios de audio o de visual
10. Miembro del comité del edificio
11. Miembro del comité de finanzas
12. Jefe o diácono
13. Fideicomisario/depositario
14. Líder del compañerismo de los estudios bíblicos (grupo de cuidado)
15. Director de los solteros
16. Director de los casados jóvenes
17. Director de la iglesia para niños
18. Coordinador de adoración y alabanza
19. Director de programa audio; de los instrumentos y archivos del sonido
20. Director del mantenimiento y la conservación del edificio

Auxilio

1. Mantenimiento de la iglesia, del edificio
2. Obreros especializados
   a. Carpintería
   b. Plomería
   c. Aire acondicionado
   d. Trabajo eléctrico
   e. Computadoras
   f. Pintura
   g. Arte
   h. Manualidades, artesanía
3. Música
4. Cantante
5. Programación (de computadoras)
6. Mecánico
7. Chofer de autobús
8. Trabajo de la oficina

9. Secretario de clases, departamentos, o de transportación (autobús)
10. Obrero en la escuela dominical
11. Obrero en la escuela para los niños
12. Coordinador de la cocina
13. Líder o coordinador de recreación
14. Mantenimiento de la paisajista, de los jardines
15. Artista
16. Programa audio; de los instrumentos y archivos del sonido
17. Técnico video
18. Maestro de drama
19. Cocinero
20. Técnico audio
21. Drama, actuación
22. Coordinador del letrero de la iglesia
23. Coordinador de los anuncios de actividades

Servir

1. Administrador de negocio
2. Secretario de finanzas
3. Secretario
4. Bibliotecario
5. Investigador
6. Escritor
7. Mecanógrafo
8. Composición y diseño gráficos
9. Recepcionista
10. Archivar documentos
11. Programador de computadoras
12. Analista de sistemas
13. Producciones/obras de drama
14. Terapia
15. Fotografía

V. El resultado de que cada persona tiene un ministerio es el crecimiento del cuerpo de Cristo. (Efesios 4:16)

Made in the USA
Middletown, DE
05 July 2023

34608836R00044